Libro de Hechizos Hoodoo para Principiantes

Hechizos Fáciles y Efectivos de Raíces,
Conjuros y Protección para la Sanación y la
Prosperidad

Layla Moon

Layla Moon

Layla Moon

Índice

Tus Regalos GRATIS

Para ayudarte en tu viaje espiritual, he creado 4 eBooks gratuitos.

Puedes obtener acceso instantáneo e ellos suscribiéndote a mi boletín de noticias a través del correo electrónico que te daré a continuación.

Además de los 4 libros gratuitos, también recibirás consejos semanales junto con regalos de libros, descuentos y mucho más.

Todas estas bonificaciones son 100% gratuitas y sin compromiso. No necesitas proporcionar ninguna información personal excepto tu dirección de correo electrónico.

Para obtener tu bono, ve a:

https://dreamlifepress.com/four-free-gifts

O escanea el siguiente código QR

Guías Espirituales Para Principiantes: Cómo Escuchar la Llamada del Universo y Comunicarte con tus Guías Espirituales y Ángeles Guardianes

Con la guía de la propia Moon, inspirada en sus propias experiencias y en los conocimientos que han sido transmitidos por cientos de generaciones durante miles de años, descubrirás todo lo que necesitas saber para:

- Entender qué es la llamada del universo

- Cómo escucharla y comprenderla

- Saber quiénes y qué son tus guías espirituales y ángeles de la guarda

- Aprender a conectar, iniciar una conversación y escuchar a tus guías

- Cómo manifestar tus sueños con la ayuda de la fuente cósmica

- Aprender cómo empezar a vivir la vida que quieres vivir

- Y mucho más...

La Ley de la Atracción: Manifiesta tu Deseo

Aprende a aprovechar el poder infinito del universo y a manifestar todo lo que quieres en la vida.

Incluye:

- La Ley de la Atracción: Manifiesta tu deseo ebook

- Libro de trabajo de la Ley de la Atracción

- Hojas de trucos y listas de control para asegurarte de que estás en el camino correcto

El Libro De Las Sombras

Un PDF imprimible para apoyarte en tu transformación espiritual.

Dentro de sus páginas encontrarás:

- Una Hoja de seguimiento de pociones y tinturas

- Un registro de aceites esenciales

- Registro de hierbas

- Lista de control de rituales mágicos y objetivos corporales espirituales

- Hojas de lectura del Tarot

- Seguimiento semanal de la luna y los ciclos planetarios

- Y mucho más

Consigue todos los recursos GRATIS visitando el siguiente enlace

https://dreamlifepress.com/four-free-gifts

Introducción

Fue en los momentos más difíciles cuando descubrí el Hoodoo, y el poder que tiene esta magia.

A lo largo de mi vida he practicado diversos tipos de espiritualidad, pero pocos se me han pegado tanto como el Hoodoo. Originada en las poblaciones afroamericanas, principalmente en el sur de Estados Unidos, la denominada magia Hoodoo es una forma de hechicería relativamente nueva en la gran escala del tiempo, pero su impacto ha cambiado indefinidamente la vida de un sinfín de personas en todo el mundo.

Aunque hoy en día no es tan popular como antes, la magia Hoodoo sigue desempeñando un gran papel en la vida de quienes la practican, practicantes conocidos como *rootworkers* o médicos de raíces, pero no dejes que esto te engañe. El Hoodoo es mucho más que la química y la alquimia de las raíces, las hierbas y las especias, como descubrirás a lo largo de este libro.

Mi Experiencia Personal Despierta

Personalmente, he estado familiarizada con el Hoodoo desde muy joven. Aunque mis padres eran Testigos de Jehová, siempre fue la magia Hoodoo la que ocupó un lugar especial en mi corazón. Una magia que me interesaba de una manera que no podía describir.

Mi abuela era alguien que juraba por ella. Recuerdo que me sentaba a verla crear pociones en su casa, que salía a recolectar ingredientes donde podía, y que jugaba con algunas de las botellas y frascos de pociones de diseño más elaborado que había reunido a lo largo de los años.

Pero aun así, me costaba entender el Hoodoo. Aunque me introdujeron hace tantos años, aún no me había entregado a la práctica ni me había abierto. En retrospectiva, ahora entiendo que simplemente no era el momento adecuado. De hecho, ese momento no llegó hasta hace una década, cuando estaba sentada en mi apartamento durante algunos de mis días más oscuros. Mis emociones se agolpaban en mi interior a pesar de que todas mis lágrimas ya habían brotado.

Me había encontrado en una mala relación. Una relación explosivamente violenta. Ahora veo a mi ex pareja viviendo con sus propios demonios, y aunque todavía estoy segura de que nos queríamos a nuestra manera, no estábamos destinados a estar juntos. En cualquier caso, fue durante una de las peleas más intensas cuando empecé a darme cuenta de esto por primera vez. Él había abandonado nuestro apartamento y se había ido a casa de un amigo. Me quedé sola en mi propio espacio, encorvada en la mesa de la cocina en la oscuridad, con la única luz procedente de la farola del otro lado de la calle.

Estaba perdida, confundida y sin saber qué me deparaba el futuro. Fue en ese momento, literalmente sentada con la cabeza entre las manos, cuando los destellos del Hoodoo comenzaron a llamar mi atención suavemente. Al principio, me tomó un poco por sorpresa, pero pronto fue reemplazada por sentimientos de intriga y curiosidad. Todas las pequeñas piezas de información que había descubierto a lo largo de los años empezaron a encajar lentamente en mi mente como no lo habían hecho antes. La curiosidad parecía consumirme.

Saqué de la estantería un libro que me había pasado mi abuela hacía muchos años y hojeé las páginas durante una hora más o menos, sin saber muy bien lo que buscaba. Finalmente, a mitad de camino, encontré una receta para una poción de felicidad. Me reí para mis adentros. ¿Podría ser realmente tan simple?

Me acordé de mi abuela hace tantos años. Tenía mucho amor y respeto por esa señora en mi vida, así que, si ella se empeñaba en que funcionara, quizá yo también debería hacerlo. Me llevó un tiempo y un extraño paseo fuera en medio de la noche hasta el parque del Bronx, pero conseguí reunir todos los ingredientes.

Busqué en el apartamento trozos que pudieran servirme. El libro era viejo, estaba roto en el lomo y le faltaban varias páginas, pero la mayoría estaban presentes. Era un libro de hechizos de protección y describía raíces, hierbas y especias.

Poco menos de una hora después, la poción estaba preparada y recité el hechizo escrito entre las páginas. También dediqué unos minutos a escribir las intenciones que tenía en pequeños trozos de papel, los doblé y los até al frasco de la poción, y me senté con el montaje durante media hora más o menos y medité sobre mis intenciones.

Al principio, pensé que quería liberarme de mi sufrimiento, y no hay duda de que lo hice. Mi tristeza era casi abrumadora y sólo quería que terminara. Esta era mi intención principal, pero rápidamente se desvaneció en el fondo de mi mente y, sin previo aviso, dejó paso a algo un poco más profundo.

Me sentí en paz. Me sentí tranquila, pero también decidida. Hubo un momento, un momento duradero en la quietud, que parecía prolongarse una y otra vez, en el que me sentí resuelta.

Me sentí motivada. Me sentí impulsada. Sabía que estaba en un bache, pero sentía un impulso ardiente dentro de mí que sabía que si me lo proponía, sería capaz de avanzar.

En ese momento, pensé que era simplemente un momento de realización. Una epifanía, y quizás hasta cierto punto lo fue. Sin embargo, ahora sé, junto con mis experiencias más recientes a lo largo de los años, que se trataba de una especie de magia. Desde entonces, una y otra vez, he sido capaz de aprovechar esta fuente de poder que no está sólo dentro de mí, sino una especie de magia que está dentro de todos nosotros.

¿Qué es la Magia Hoodoo?

En su esencia, según la definición del diccionario, el Hoodoo es una forma de arte utilizada para conjurar, manifestar e intercambiar poderes físicos y espirituales. Una magia utilizada para generar y atraer riqueza, buena salud, aumento de la fortuna y mejorar las relaciones. Una magia utilizada para ayudarte a definir tus intenciones y para darte un sentido de dirección que te permita superar y conquistar cualquier reto u obstáculo al que te enfrentes en cualquier momento de tu vida.

Es un conjunto de prácticas, tradiciones y creencias espirituales con orígenes en las comunidades negras africanas que

Norteamérica y los europeos esclavizaron injustamente durante los últimos 300 años. Una forma de que los seres humanos permitan la entrada de fuerzas sobrenaturales en sus vidas en un intento de mejorarlas.

La palabra "Hoodoo" apareció por primera vez en documentos escritos alrededor de 1870, pero se desconocen sus verdaderos orígenes. Como habrás adivinado por la grafía, se cree que la palabra se originó a partir de la palabra "vudú", aunque ambas prácticas son bastante diferentes, como se explicará más adelante en este capítulo.

Por muy doloroso que resulte conceptualizarlo, más de 12 millones de personas fueron esclavizadas y transportadas desde el continente africano a América del Norte (lo que hoy es Estados Unidos) entre los siglos XVI y XIX, una experiencia verdaderamente traumática, cuyos efectos y consecuencias siguen repercutiendo en todo el mundo a través de personas como nosotros hasta el día de hoy.

El arte del Hoodoo surgió en estas comunidades esclavizadas, africanas y afroamericanas, y se arraigó en la cultura para convertirse en lo que es hoy.

Sin embargo, ya se practicaba una forma de Hoodoo en África, pero aquí se consideraba una religión, pero pronto pasó a considerarse una forma de magia. Permítanme aportar algo de perspectiva a esto.

Si uno vivía en la América del siglo XVIII como esclavo negro, no tenía la misma atención médica que los que vivían en las comunidades europeas-americanas. Por lo tanto, las comunidades negras tuvieron que crear sus propios sistemas de apoyo y atención sanitaria y sus propias formas de cuidarse, tanto para los esclavizados como para los libres. Esto incluye atención psicológica, apoyo emocional y espiritual, etc.

Las comunidades negras no tuvieron más remedio que confiar en el conocimiento y el espíritu de la gente que les rodeaba, aquellos que también sufrían. Sin ningún lugar al que ir y sin nadie a quien acudir, sólo tenían el amor, el apoyo y el conocimiento de los demás. Fue esta práctica de cuidado, comunicación y unión lo que permitió a los que sufrían procesar su trauma y encontrar algún tipo de curación de las trágicas situaciones en las que se encontraban.

Dado que las personas esclavizadas procedían de todo el continente africano, tenían varias culturas, sociedades y orígenes étnicos. Con tal diversidad reunida en un solo lugar, el Hoodoo era una forma de reunir a estas personas en una unión de respeto y compasión. El Hoodoo es, por tanto, casi un cóctel de magia, amor, respeto y comunidad de todos estos diversos lugares que, de otro modo, no se habrían unido. Creo que eso, de una manera hermosa, es una especie de magia en sí misma.

Esto significa que el Hoodoo moderno es una mezcla de religión y prácticas mágicas que se han unido en circunstancias muy intensas, lo que lo convierte en una de las fuerzas más poderosas que existen.

No hay duda de que las influencias significativas del Hoodoo provienen de las regiones de África Central. Las pruebas sugieren que alrededor del 40% de todos los africanos esclavizados procedían de estas regiones centrales, concretamente de las zonas bantúes-kongo. Esto es evidente en las prácticas del Hoodoo, ya que existen claros vínculos con el cosmograma kongo y las creencias y prácticas kongoles.

La otra influencia significativa procede de la región de África occidental, que introdujo diversos componentes, como la bolsa de mojo mágico. Muchos de los barcos que viajaban hacia y desde América del Norte desembarcaban en la costa de África Occidental, desde donde se gestionaba y organizaba el comercio de esclavos. No es de extrañar que, lamentablemente, hubiera muchas personas esclavizadas procedentes de esta zona. También hay pruebas claras de la influencia mágica de las comunidades musulmanas de África Occidental, cuyos miembros residían en estas zonas durante los periodos de comercio de esclavos.

En la actualidad, el Hoodoo se practica en las fibras más sutiles de la sociedad. A sus practicantes se les suele llamar "trabajadores de las raíces" o "médicos de las raíces", ya que hacen hincapié en el trabajo con hierbas, raíces y plantas. Aunque la mayoría de las veces se le llama "trabajar con las raíces", en general, es importante recordar que éste es sólo un aspecto de la práctica del Hoodoo.

Curiosamente, lo que diferencia al Hoodoo de otras formas de magia occidental o europea, y lo que lo hace atractivo para muchos, es que no hay necesidad de practicar ningún tipo de invocación, ni de negociar o formar relaciones con otros espíritus, formas o entidades. Aunque el siglo XIX trajo consigo una gran influencia cristiana en la práctica, los practicantes de Hoodoo creen en una especie de Dios, pero no hay un énfasis significativo en el Dios mismo.

El Dios Hoodoo es una entidad sin género, pero no son ni buenos ni malos, a pesar de las ideas muy fuertes sobre lo que es el bien y el mal dentro de las prácticas Hoodoo. Dios es el ser supremo responsable de la creación del mundo, pero este Dios no se ocupa de los tejemanejes de la humanidad. Hay entidades y espíritus menores que están involucrados en estas actividades.

El Boo Hag es uno de estos espíritus. Un término general, un Boo Hag es un espíritu que existe para atormentar y asustar a las personas vivas. Tienen poderes mágicos y espirituales que pueden matar o curar a la gente de enfermedades, predecir el futuro o ayudar a la gente a encontrar cosas.

Si se tiene en cuenta el origen de la magia Hoodoo, se entiende por qué tiene sentido. Por ejemplo, las poblaciones afroamericanas de Indiana se negaban a entrar en un determinado lugar porque estaba "embrujado por los espíritus de los negros muertos a golpes". Esto es obra de Boo Hag.

Pero no todos los espíritus son malignos o provienen de un lugar de dolor, desgracia y tormento. Hay espíritus que protegen del dolor y el sufrimiento, espíritus que aportan paz y calma a situaciones intensas o que calman sentimientos intensos, y espíritus que residen en los elementos, como el MIA, el espíritu del agua de África occidental.

Sin embargo, aunque podría escribir un libro entero sobre la historia y el mundo espiritual del Hoodoo, lo más importante que hay que recordar sobre la historia es el hecho de que nació del sufrimiento y es una práctica profundamente arraigada en los corazones y las vidas de sus antepasados.

Aquí es donde la magia obtiene su poder.

Los Vínculos entre el Vudú y el Hoodoo

La magia Hoodoo no es la magia Vudú, y hay algunas similitudes y diferencias básicas que pueden ayudar a mejorar su comprensión de lo que esta práctica es en realidad.

Esta es la primera distinción que debes hacer. Hay similitudes, y no son lo mismo, pero ciertamente están relacionadas. En la cultura dominante, el Hoodoo se utiliza mucho para describir cualquier forma de magia de la cultura nativa americana o africana. El vudú es una religión, también conocida como tradición mágica. Ambas tienen elementos de influencia africana y europea.

Sin embargo, el Hoodoo tiene lazos sueltos con el cristianismo católico, mientras que el Vudú tiene lazos con el cristianismo protestante. No hay que confundir que los practicantes tengan que ser seguidores del cristianismo en ningún sentido.

La magia vudú es una práctica religiosa muy propia, que proviene de países como Haití, con algunos vínculos con poblaciones de África Occidental. Dentro del vudú, hay que recorrer el camino que te ordena en la religión, y debe haber líderes presentes para supervisar la magia realizada. También hay numerosas deidades, dioses, entidades y espíritus que deben ser adorados y respetados para que las prácticas se sigan correctamente.

Ninguno de estos requisitos es necesario, ni existe, dentro de las prácticas Hoodoo. Los practicantes no necesitan creer o seguir a ningún dios, y eres libre de adorar a cualquier otro dios o deidad que respetes o creas. No hay una jerarquía que seguir, como tener supervisores, sacerdotes u otros individuos ordenados que teóricamente estarían "más arriba" que tú.

El Hoodoo no tiene una estructura estricta que deba seguirse como en otras religiones. El Hoodoo es una práctica que encuentras y conectas con tu interior para tu propio beneficio. No intentas servir a un propósito mayor o adorar a una entidad. Por eso el Hoodoo puede describirse mejor como magia personal.

En el mundo moderno, los términos Hoodoo y Vudú son muy utilizados indistintamente, aunque esto es incorrecto. Es simplemente un concepto erróneo por parte de aquellos que no saben nada mejor. En realidad, el Hoodoo moderno, especialmente el Hoodoo "no africano", parece tomar prestados algunos aspectos de la magia vudú, pero es más bien visto por quienes lo practican como una variación más cristianizada del Vudú bien establecido y más dominante que se practica en países como Haití.

Recuerda que, a pesar de la opinión generalizada de que el vudú se utiliza con fines malignos, no es así. El Hoodoo parece caer en esta categoría para mucha gente por las mismas razones, pero lo correcto es lo contrario. Tanto el Vudú como el Hoodoo pueden ser utilizados para el bien, para la curación y para la prosperidad, pero puede haber prácticas más maliciosas, si es eso para lo que el usuario pretende utilizar la magia, como puede haber para cualquier sustancia de la práctica en este mundo.

Para abreviar, el Hoodoo no es Vudú. Ciertamente hay similitudes, pero no son lo mismo. Hay muchas variedades de cada una, y para este libro, vamos a centrarnos principalmente en el Hoodoo Negro, o el Hoodoo creado por las comunidades afroamericanas. Curiosamente, se trata de una magia que proviene del vudú africano, pero con influencia europea, ya que se creó cuando los europeos llevaron a los esclavos a América, y las dos culturas se entrelazaron, de ahí las influencias cristianas.

Como verás más adelante, es por ello que muchos de los hechizos Hoodoo utilizan recitales de los salmos y pasajes bíblicos, y hay muchos vínculos con pasajes cristianos.

También existe una rama del Hoodoo conocida como "Hoodoo blanco", pero este es el término que se da a los practicantes que no tienen orígenes africanos. Siguen siendo personas no blancas, pero no fueron esclavizadas por otros africanos, ni tienen ascendencia africana.

Debido a la historia del Hoodoo, es una magia que sólo pueden practicar los negros.

CAPÍTULO UNO

El Hoodoo en el Mundo Moderno

*"En el hoodooismo, todo lo que haces es el plan de Dios,
¿entiendes? Dios tiene algo que ver con todo lo que haces, sea
bueno o malo, él tiene algo que ver... Tendrás lo que te
corresponde. "* -
Practicante Traducido

En el mundo actual, hay problemas y dificultades que he
experimentado, y no hay duda de que estos problemas te han
afectado de alguna manera en algún momento de tu vida.
Aspectos de tu vida como el dinero, las relaciones, los
arrendadores, las carreras, la salud y todo lo que te afecta, tanto
en lo grande como en lo pequeño.

Una cosa de la que puedes estar seguro en la vida es que te va a
lanzar bolas curvas y desafíos. Tienes que averiguar cómo lidiar

con estas situaciones por el bien de tu propia salud, bienestar y paz interior.

El Hoodoo es una metodología, un proceso y una forma de arte que puede ayudarte a encontrar las respuestas que buscas. Es una práctica espiritual que te ayuda a reconectar contigo mismo en tu núcleo, no sólo con lo que eres como individuo, sino también con tu historia. Tu ascendencia. Con tu pasado.

El Hoodoo actúa como una luz que ilumina tu camino en los momentos más oscuros. Te retiene y protege de las sombras que pueden estar acechando en el horizonte, justo fuera de la vista.

Mi experiencia con el Hoodoo ha sido de progresión y salvación, cuyos resultados me han animado a escribir sobre ellos con la esperanza de que puedas sentirte lo suficientemente inspirado como para abrir tu corazón y tu mente a las maravillas del Hoodoo.

No es una tarea fácil. La historia del Hoodoo es larga y proviene de un lugar oscuro. Un lugar de dolor y sufrimiento, pero esa es una parte de la vida que nunca cambiará. En cambio, es hora de hacer las paces con este malestar abrazándolo y superándolo. Puede sonar un poco aterrador, pero este libro existe para guiarte a un lugar donde esto es posible.

Ya has llegado muy lejos, y el hecho de tener este libro en tus manos ahora mismo es una señal de que estás preparado para dar el siguiente paso. Sé, en lo más profundo de mi esencia, que estás buscando lo mismo que yo, y ahora estás en la cúspide del descubrimiento.

Buscas respuestas. Anhelas un camino que recorrer. Estás decidido a descubrir la claridad. Hay una chispa dentro de ti, que arde para que te reconectes contigo mismo, con tu instinto y con tu ser interior y espiritual. Es hora de aprender a confiar en ti mismo y en tu conocimiento interior, desbloqueando todo tu potencial en cualquier situación. Es el momento de manifestar tus deseos, tus anhelos, y de empezar a vivir la vida que quieres.

Para algunos, esto puede parecer una idea imposible, pero no lo es.

Nunca antes un arte intencional como el Hoodoo ha sido tan importante o tan potencialmente valioso en la vida de tantas personas. Familiarizarse con este arte puede abrir muchas puertas en tu vida y ayudarte a superar los posibles obstáculos que te frenan.

A lo largo de los siguientes capítulos, vamos a explorar los pormenores de las ideas Hoodoo, compartiendo el conocimiento que ha sido transmitido por generaciones.

Voy a sumergirme en la historia del Hoodoo, de dónde viene y qué historias conforman los orígenes de esta práctica. Exploraremos las reglas y directrices y cómo puedes empezar a dominar el proceso y utilizarlo en tu día a día.

Este libro servirá como guía para principiantes. Una introducción. Un empujón en la dirección correcta que proporciona la información suficiente para que empieces y te mantengas firme.

No se trata de una magia o una práctica que se perdió hace mucho tiempo y que crea efectos maravillosos como los que se ven en las películas. Se trata de la intención.

Se trata de conectar tu mente con tu espíritu y tu alma. Se trata de sanar y procesar traumas y de protegerte de cualquier peligro que puedas encontrar en el futuro. Se trata de encontrar la paz en los momentos más difíciles para poder brillar de nuevo.

Si durante los últimos años, y quizás muchos años de tu vida, te has visto afectado por la oscuridad y los problemas, al pasar estas páginas, te permites la oportunidad de encender una vela para encontrar tu camino.

Y con ello, encender la chispa que enciende este viaje de la mejor manera posible. La vela está encendida.

Pasa la página y sigue adelante.

Cómo Utilizar el Hoodoo en el Mundo Moderno

El Hoodoo nació de una necesidad. Surgió del dolor y el sufrimiento de los negros. Por lo tanto, es una magia que sólo pueden practicar los negros. En el pasado, se habría utilizado para todo tipo de propósitos, incluyendo:

- Promover la felicidad en las familias y comunidades

- Aumentar la fortuna y las probabilidades de situaciones favorables

- Reducir los sentimientos de dolor y sufrimiento

- Sanación de traumas y heridas tanto físicas como emocionales

- Alimentar la protección contra los peligros futuros

- Ejercer la venganza sobre los que causan dolor

Está claro que son situaciones que nos persiguen a muchos de nosotros hoy en día, y quizás ya las hayas vivido. Los tiempos son turbulentos, y quizás en cierta medida siempre lo serán, por lo que el Hoodoo seguirá siendo relevante.

Si quieres practicar Hoodoo y quieres experimentar esta magia en tu vida, tienes que ser capaz de conectar con su historia y sus orígenes a un nivel más profundo y relacionar este dolor, sufrimiento y unión con el tuyo propio. Sí, puede ser doloroso, y duele. Sí, puede ser traumático, y hay lugares, ciertamente en tu propio pasado, a los que no querrás ir, pero necesitas abrir tu mente a la llamada de tus ancestros para canalizar su energía.

Iremos paso a paso, pero recuérdate que no hay por qué estar asustado. O tener miedo. Este es un camino que muchos han recorrido, y que muchos recorrerán después de ti. Abre tu alma y caminemos juntos.

Y es en esa nota que ahora deberías estar listo para dar tus primeros pasos en el mundo del Hoodoo. Es el momento de reconectar con esta práctica mágica y ver los beneficios por ti mismo.

Respira hondo mientras te reconectas con este poder histórico, pasa a tu nuevo capítulo, y comencemos.

Capítulo Dos

Empezar a Trabajar con Raíces y Hoodoo

"La bruja psíquica vive en un estado de encantamiento, viendo todas las cosas como mágicas y comprendiendo que el universo está compuesto de infinitas posibilidades y potencialidades. La bruja psíquica ve una puerta donde otros ven un muro."

— Mat Auryn

Cuando empecé a conectar con mi núcleo mágico, sentí una mezcla de emociones. Estaba emocionada y tenía curiosidad por lo que iba a pasar, pero mentiría si no dijera que estaba un poco asustada. Después de todo, ¿qué iba a pasar? ¿Qué pasaba si conectaba accidentalmente con alguna energía o espíritu oscuro profundo, alguna entidad de trauma y sufrimiento de la que no pudiera escapar?

Estos temores se me pasaron por la cabeza, pero sabía que mi intención era clara y pura en el fondo de mi corazón. Quería encontrar la paz, y quería descubrir una luz que pudiera guiarme a través de mi propia oscuridad. Dado que mi propio viaje personal comenzó durante algunos de los momentos más oscuros de mi vida, quería superar mis inseguridades para descubrir más.

Pero es importante recordar que no es necesario caminar solo. Hay mucha gente en el mismo camino que tú, gente que empieza y que va a empezar, y yo también estuve una vez en tu posición. También está la totalidad de tus ancestros detrás de ti, la gente de la que provienes; muchos de los cuales habrán estado involucrados con sus propias practicas Hoodoo y pueden incluso haber estado ahí en su origen.

Al comenzar con las prácticas Hoodoo, primero necesitas abrir tu mente a esta realización. Necesitas hacer lo mismo con tu alma y tu corazón. Ábrete a la guía mágica que esta ante ti. Si quieres elevarte a través de la magia, necesitas dejarla entrar, y aunque esta noción puede parecer fácil, es algo difícil de hacer y no es algo que sucederá de la noche a la mañana.

Por desgracia, abrir la mente no es algo que pueda enseñarse estrictamente, sino que es un proceso en el que hay que atravesar los obstáculos en el camino a medida que se descubren. Las oportunidades irán y vendrán, por ejemplo, si estás pasando por un momento especialmente estresante. Cuando seas consciente de que este momento estresante o doloroso es, de hecho, una oportunidad para conectar con la magia Hoodoo, empezarás a ver de lo que es capaz. Comienza con la atención plena.

Por ejemplo, si encuentras que tu relación está en las rocas y estás experimentando dificultades, es fácil encontrarte de nuevo en los patrones condicionados de discutir o tratar de ganar puntos. Tal vez seas el tipo de persona que se esconde y empuja todos esos sentimientos negativos hacia abajo y trata de ignorarlos lo mejor que puede hasta que tiene ganas de explotar.

Es durante los momentos difíciles como este cuando necesitas recordar el poder de la magia Hoodoo y lo que puede hacer por ti. Todo comienza con la intención.

No importa lo que estés haciendo, con qué aspecto de tu vida estés trabajando, o qué hechizos estés practicando, el poder de tus acciones dependerá de las intenciones detrás de ellas. Por ahora, concéntrate en cómo la magia Hoodoo puede ayudarte.

Tal vez haya una razón por la que has cogido este libro en primer lugar y una razón por la que querías probar la magia Hoodoo. Deja que esto te guíe para abrirte a lo que es posible.

Cuando estés comenzando con tu propia conexión con el Hoodoo, esta apertura es en lo que más tendrás que enfocarte. A lo largo de las siguientes páginas de este libro, a partir del próximo capítulo, vamos a explorar los pormenores de ciertos conjuros, protección y curación, así como algunas de las sustancias y productos naturales que tienen efectos Hoodoo.

Preparando tu Viaje

Hemos tratado los aspectos mentales para prepararte para tu viaje al Hoodoo, pero ahora vamos a ser un poco más prácticos. Mientras que el Hoodoo es una práctica sobre la conexión con lo sobrenatural, hay algunas acciones físicas que necesitas tomar, como recoger y trabajar con objetos y materiales.

La mayoría son productos simples y naturales a los que los afroamericanos tenían acceso en el siglo XVI, como plantas, velas, hojas, trozos de metal y otras chucherías mágicas como cartas de adivinación o tótems.

Las preocupaciones personales también se utilizan comúnmente en los hechizos, especialmente cuando los hechizos o pociones se dirigen a alguien específico. Tales preocupaciones incluyen cosas como mechones de pelo, recortes de uñas, sangre, trozos de hueso, u otras formas de fluidos corporales. Por supuesto, no se espera adquirir un trozo de hueso de alguien. Este tipo de hechizo se habría utilizado para ayudar a alguien que murió mientras sufría para tener una transición pacífica fuera del reino físico en el reino espiritual.

Sin embargo, debes empezar a centrarte en la construcción de tu colección de productos naturales y preocupaciones de las personas a las que quieres lanzar hechizos, así como los contenedores. Algunos productos comunes que querrás recolectar incluyen:

- Frascos y botellas de vidrio para almacenar pociones

- Monederos y bolsas de tela para guardar polvos y material molido

- Velas de cualquier color y diseño

- Fósforos o un encendedor para encender velas o quemar componentes de hechizos

- Un bolígrafo y papel (o un cuaderno especial de Hoodoo) para anotar los hechizos y las intenciones

- Un surtido de raíces de plantas y hierbas naturales

- Piedras, minerales y cristales

- Materiales de adivinación como incienso, pináculos o cartas de tarot

- Aceites, cera, amuletos, colgantes, ropa, incienso y pendientes

- El pelo, los fluidos corporales o las preocupaciones de uno mismo o de otra persona

En este sentido, te recomiendo que te hagas con un cuaderno especial para anotar todas tus prácticas Hoodoo. No solo puedes escribir los hechizos y las intenciones en las que te quieres enfocar, sino también notas sobre tu experiencia. Puedes escribir como te sientes y como te funcionaron los hechizos, o tal vez lo que harías diferente la próxima vez.

Tener este viaje por escrito es invaluable porque te ayudará a convertirte en un mejor practicante, perfeccionando así tus habilidades, conjuros y lanzamientos, y en última instancia, mejorará tus experiencias Hoodoo diez veces.

Cuando empieces a aprender los hechizos en sí y empieces a tener una preferencia por el tipo de hechizos y pociones con los que quieres trabajar, puedes empezar a familiarizarte un poco más con los ingredientes que quieres, pero siempre es una buena idea mantener un ojo abierto para los materiales potenciales que podrías usar.

Y cuando tengas tus materiales, estarás listo para empezar

Capítulo Tres

Introducción al Arte de Conjurar

"Si la gente no se enfrenta al peligro que la busca, el mal la encontrará primero."

Experimenté durante más de un año con diferentes hechizos y formas de utilizar la magia Hoodoo, tratando de averiguar qué me funcionaba y qué no, y no importaba lo que probara, siempre acababa volviendo al mismo lugar con el mismo tipo de hechizos. Se trataba de hechizos de conjuro, o de manifestación, como a veces se les llama.

Hay diferentes creencias en cuanto a lo que este tipo de hechizos puede hacer y sus límites, pero en su núcleo, el poder y la intención de estos hechizos siguen siendo los mismos y, por lo tanto, se pueden utilizar de muchas maneras diferentes. Conjurar o manifestar es poner algo que no existe en tu mundo físico a través del poder de las intenciones, los pensamientos, la voluntad y la creencia.

Ahora bien, esto, por supuesto, no significa que puedas simplemente cerrar los ojos y manifestar un millón de dólares para que aparezca frente a ti en un maletín negro brillante. El mundo físico tiene limitaciones que impiden que esto ocurra y sea posible, pero eso no significa que no puedas manifestar un millón de dólares en tu vida de otras maneras. Este tipo de conjuro sería más bien una forma de invocar la seguridad financiera y la comodidad.

Conjurar algo en tu vida es ponerte en una mentalidad en la que puedes hacerlo realidad. Literalmente, estás pasando por el proceso de conjurar lo que quieres y traerlo a tu vida. A lo largo de tu existencia, puedes pensar en conjurar:

- Las relaciones que quieres

- La carrera que quieres

- La seguridad financiera

- La casa o el auto que quieres

- El ascenso que deseas

- La realización de un sueño que siempre has tenido, como escribir un libro o correr una maratón

La lista de posibilidades es interminable, y sólo estás limitado por tu imaginación. En mi propia vida, manifesté el enfoque y la creatividad para escribir este libro. Conseguí protegerme y ayudarme a sanar del trauma de mis relaciones pasadas. He promovido la buena suerte al ir a entrevistas de trabajo, al acercarme a nuevos clientes y al conocer gente nueva.

Cuando me he sentido estresada, ansiosa o abrumada, he utilizado el Hoodoo para volver a un estado mental de tierra y he encontrado formas nuevas y creativas de superar los obstáculos y las situaciones difíciles en las que me he encontrado. Todo esto se logró a través del poder de los hechizos de conjuración Hoodoo.

Conjurar significa literalmente lanzar un encantamiento o hechizo mágico. En el Hoodoo, se trata de crear una conexión con el reino espiritual, permitiendo que las fuerzas sobrenaturales entren en tu vida y creen un efecto que te resulte positivo. Esto puede ser manifestar buena suerte, protegerse del daño, etc.

Realmente no importa lo que quieras en tu vida, el Hoodoo es una forma de ayudarte a ir de A a B y convertir tus intenciones en tu realidad, todo gracias a la ayuda de fuerzas, espíritus y entidades sobrenaturales. Lanzar un hechizo es conectar con estos seres, comunicando y conjurando su presencia en la vida, dependiendo de lo que estés tratando de lograr.

Entonces, ¿cómo funciona esto, y cómo se lanzan estos hechizos de conjuro? Veamos un ejemplo detallado de cómo funciona el proceso de conjuración Hoodoo y luego algunas de las formas en que puedes introducir estos hechizos en tu propia vida.

Imagina que te levantas un día y estás de un humor fantástico.

Estás bien descansado y lleno de energía, y estás deseando tener un gran día. Como estás de tan buen humor, empiezas a preguntarte qué quieres conseguir en el día. Como quieres lograr estos objetivos, te tomas el tiempo para lanzar un hechizo de buena fortuna, aumentando así tu suerte para cualquier situación en la que te encuentres.

Mediante el acto de lanzar el hechizo, has enviado un mensaje a las fuerzas sobrenaturales del universo para que acudan a ti y te ayuden en tus esfuerzos. A medida que avance el día, te encontrarás en situaciones cada vez más favorables.

Tal vez recibas un correo electrónico que estabas esperando. Tal vez tu jefe tenga una reunión que has estado esperando sobre un ascenso, o un cliente se ponga en contacto contigo sobre tu propuesta. Éstas son las fuerzas sobrenaturales que actúan, moviendo ligeramente los hilos entre bastidores para garantizar que todo se alinee cuando es necesario, sobre todo de formas minúsculas que nunca podríamos comprender.

Cuando te pones en marcha, piensas en estos objetivos y tu cerebro se centra en hacerlos realidad. Todo lo que se cruza en tu camino, ya sean cosas, personas o experiencias, que te ayuden a dar un paso hacia el cumplimiento de estos objetivos, lo tratarás con gratitud y compasión.

Todo esto es gracias a la guía de fuerzas sobrenaturales que aseguran que estás en el lugar correcto en el momento adecuado, y su impacto fuera de tu realidad inmediata.

Por supuesto, la magia de conjuración no tiene por qué utilizarse de forma tan sutil o por una razón tan "positiva". Si mantienes una amistad, pero tu amigo ha hecho algo realmente hiriente para ti, como acostarse con tu pareja, difundir rumores sobre ti o arruinar tu reputación, podrías conjurar fuerzas sobrenaturales para solucionar este problema.

Puedes usar la magia para conjurar un escudo protector a tu alrededor, curar una herida (física o emocional) que se haya creado a partir de la situación, o incluso redirigir la energía negativa de vuelta a la persona que te la envió en primer lugar, dándole una muestra de lo que está haciendo, con la esperanza de enseñarle la lección para que no lo vuelva a hacer.

El acto de conjurar es literalmente conjurar o convocar espíritus para que te ayuden en tu vida. La forma en que convoques al espíritu determinará el espíritu que te ayude y para qué propósito te va a servir. Como verás más adelante en el libro, esto suele implicar algún tipo de ritual y práctica mágica, así como ingredientes y componentes de los hechizos, como hemos hablado antes.

Desde influir en la gente para que se enamore de ti, abrir nuevas oportunidades, protegerte, ser más creativo o curar dolores, la magia Hoodoo proporciona una solución.

Y con esto, deberías saber todo lo que necesitas saber cuando se trata de entender sólidamente de qué se trata el Hoodoo y el trabajo de raíces. Ahora es el momento de dar un primer paso adecuado en este nuevo mundo.

Capítulo Cuatro

Hechizos de Raíces para Conjurar y Manifestar

"Una de las cosas que pronto aprenderás es que, aunque los preparativos para un hechizo pueden ser complicados, los hechizos en sí serán bastante fáciles de realizar. "

Por ahora, basta de teorizar. Es hora de entrar en la parte práctica de este libro. Con tu mente abierta y tus intenciones de aprender las técnicas y los conjuros frescos en tu mente, es hora de conectar con el poder Hoodoo y canalizarlo en tu vida diaria.

Ten en cuenta que algunos de los hechizos y sus ingredientes pueden sonar un poco complicados, o que parece que hay un montón de pequeñas piezas que tendrás que reunir. Puede llevarte algo de tiempo reunir tu colección de objetos mágicos, pero ten en cuenta que muchos componentes pueden usarse indistintamente entre los hechizos. Una vez que tengas acceso a un componente, lo más probable es que lo utilices durante muchos años.

Ahora, permíteme mostrarte el camino.

Incienso: La Manera más Común de Conjurar

Los hechizos pueden ser difíciles de elaborar, sobre todo cuando hay que reunir todos los componentes, pero hay una forma sencilla de realizar un pequeño conjuro en cualquier momento, y es quemando incienso.

Existen innumerables formas de incienso, y casi puedes realizar el hechizo como una especie de mediación. Todo lo que necesitas es un porta-incienso, preferiblemente con un recogedor de cenizas, y cualquier tipo de incienso que quieras quemar.

Simplemente coloca el incienso en el soporte, enciéndelo y siéntate con él durante unos minutos. Cuanto más tiempo te sientes y medites con el incienso encendido, más poderoso será el hechizo y, por tanto, tu intención. Simplemente siéntate con él, huele los aromas y trata de conectarte con esa fuente de poder Hoodoo dentro de ti y dentro del universo.

Mientras te sientas, respirando profundamente, mantente tan presente como sea posible, y trata de empujar tu mente en la dirección de tus intenciones. Tómate un momento para pensar en lo que quieres y en algunas de las formas de conseguirlo. No intentes ser sólido con tu razón, sino que deja que tu instinto fluya y ve lo que se te ocurre. Sé fluido, como el agua. Observa lo que surge y libera tus formas de pensar condicionadas.

Por ejemplo, puede que intentes pensar en algunas formas de ser más feliz y estar más motivado en el trabajo, pero mientras piensas en ello, empiezas a darte cuenta de que en realidad no estás en un trabajo en el que quieres estar, y en cambio quieres seguir una carrera más satisfactoria. Este tipo de comprensión es la magia del Hoodoo en el trabajo, así que permítelo, en lugar de descartarlo como un pensamiento esperanzador.

Con esto, estos son algunos de los tipos de incienso que puedes buscar para conjurar y ayudar a aumentar y mejorar tu enfoque e intención.

- El Palo Santo es excelente si buscas sanar algo en tu vida. Se dice que aumenta tus vibraciones energéticas y calma tu cuerpo.

- La esencia de incienso es ideal si buscas aliviar el estrés y ganar más conciencia. Si estás luchando y te sientes perdido, este es el incienso que te ayudará a aportar claridad.

- Si buscas el éxito y la prosperidad, puedes quemar incienso de anís estrellado o canela para que te ayude a entrar en un estado mental en el que tomes las mejores decisiones en este ámbito.

- La lavanda es el incienso del equilibrio. Si necesitas calma, claridad y paz para establecer intenciones, descubrirlas o reconectarte contigo mismo o con la fuente Hoodoo, este es un excelente incienso para despejar la mente y permanecer con los pies en la tierra durante tiempos turbulentos.

- Utiliza copal si buscas una conexión más profunda contigo mismo, con la fuente Hoodoo o con el universo. Este es el incienso utilizado para trascender o profundizar las conexiones espirituales que ya tienes.

- Si buscas un incienso tremendamente completo que atraiga un poco de todo, necesitarás un poco de Cinquefoil. Aunque no es potente, es un fantástico incienso para levantar el ánimo o para ayudarte a mantener la motivación si ya estás en un lugar positivo.

La intensidad y el impacto de los hechizos de incienso pueden variar drásticamente. A veces puede parecer sutil, mientras que otras veces, el efecto puede cambiar la vida. Realmente depende de la experiencia, del incienso y de dónde te encuentres en tu espacio mental.

Sin embargo, si estás buscando algo un poco más poderoso, consistente y más dedicado, entonces vas a querer usar un hechizo. A continuación compartimos algunos hechizos relativamente fáciles de usar para los principiantes.

El Mojo Atractor de la Suerte

El hechizo del Mojo del Atractor de la Suerte es usado para atraer dinero a tu vida, ya sea a través de un aumento de la suerte o de la buena fortuna. Por ejemplo, si estás cotizando un trabajo a un nuevo cliente y quieres apuntar alto, o estás pidiendo a tu jefe un aumento de sueldo, este es el tipo de hechizo que te ayudará a asegurar con éxito las finanzas que estás buscando.

Ingredientes

- Una bolsa de franela roja

- Arena magnética

- Un diente de ajo

- Una piedra de canto rodado

- Un poco de azúcar

- Algo de whisky

Coloca la piedra de canto rodado y el ajo en la bolsa de franela, vierte un trago de whisky. Ciérrala y espolvorea un poco de arena magnética y azúcar en la propia bolsa. Cose la bolsa para cerrarla. Mientras realizas este proceso, asegúrate de expresar tus intenciones en voz alta.

El Conjuro de la Serenidad

La vida puede ser turbulenta, incluso en los mejores momentos. Por eso, para muchos de nosotros, es importante tomarse un tiempo para encontrar la paz, para volver a un estado de ánimo aterrizado y, en general, para cuidar la salud y el bienestar. Tomarse el tiempo para realizar un hechizo de serenidad es perfecto para esto, y es relativamente sencillo.

Ingredientes

- 12 velas blancas

Espera a una noche de luna llena y enciende las 12 velas en un círculo a tu alrededor. Siéntate cómodamente durante el tiempo que quieras. Mientras estás sentado, concéntrate en tu respiración y en estar presente y enraizado en el momento. Deja que el estrés, las ansiedades y las preocupaciones se desvanezcan en la nada mientras la luz de la luna y la energía universal te limpian a ti y a tu ser.

Un Hechizo de Protección

Ningún libro de magia Hoodoo estaría completo sin un hechizo de protección. Es uno de los hechizos más poderosos y más universalmente aplicables. Ya sea que te dirijas a una conversación difícil, una situación emocionalmente agotadora, un momento complicado, o simplemente estás cuidando de ti mismo y de tu espacio mental, un hechizo de protección puede hacer maravillas.

Afortunadamente, es uno de los hechizos más simples de realizar. No necesitas ingredientes ni componentes. Sólo tú y las palabras. Sólo tienes que decir este hechizo a ti mismo, en tu cabeza o en voz alta, siempre que lo necesites:

Pater noster dei sanctorum. Maria bella angelorum. La bella María durmiendo. Y el niño Jesús se le apareció en un sueño. Querido, soñé que en el calvario te traían. Coronas doradas te alzaron y espinas te plantaron. Lo que dices es verdad, respondió el Cristo a tu madre. Y quien dice esto tres veces en un campo no tiene miedo. Agua, trueno y rayo.

Simplemente repítelo cada vez que necesites acceder a la

protección. Como puedes ver en la escritura de los hechizos, este es un conjuro para ayudarte a no tener miedo, sin importar lo que estés enfrentando, y que estás protegido por los seres y espíritus que son más grandes que tú como individuo.

Un Hechizo para la Pasión

No confundas esto con un hechizo de amor. Un hechizo de pasión es una manera de aumentar la conexión y la pasión en una relación ya existente, idealmente entre tú y tu pareja romántica.

Ingredientes

- Aceite de Lavanda (3 Gotas)

- Salsa picante (3 Gotas)

- Trozos de raíz de lirio

- Granos de pimienta enteros

- Tres tazas de agua de lluvia

Este hechizo es muy fácil de realizar. Lo que es más, puedes esencialmente escalarlo tanto como quieras. Puedes hacer tanto o tan poco como quieras, siempre y cuando uses las proporciones indicadas en los ingredientes.

Toma tus ingredientes, viértelos todos en un bol y remuévelos. Mientras revuelves, presta atención al picor de la salsa (cuanto más picante sea la salsa, más intenso será el hechizo), y concéntrate en las temperaturas y las texturas. Si hay olores, entonces es en lo que querrás concentrarte.

Una vez que todo se haya mezclado bien, toma un poco de la mezcla y espolvoréala en la puerta principal de tu casa, o en la entrada de una habitación o apartamento. Cubre bien esta zona y asegúrate de añadir un poco en el pasillo. Ahora los amantes que pasen por esta entrada se verán impulsados por el aumento de la pasión que les sugieren las fuerzas sobrenaturales que has invitado a trabajar junto a ti.

Con esto, llegamos al final de este bonito capítulo. En este punto, has comenzado una hermosa colección de hechizos que puedes utilizar para conectarte con la fuente Hoodoo cuando lo necesites. Por ahora, estos hechizos deberían permitirte conectar con tus intenciones (además de ayudarte a definirlas) con claridad, ayudándote en cualquier situación o experiencia en la que te encuentres.

Ahora es el momento de pasar a algo un poco más poderoso.

CAPÍTULO CINCO

Pociones de Raíces

"Todos sostienen que la Biblia es el gran libro de conjuros del mundo."

El paso final en tu introducción a la magia Hoodoo todavía reside dentro de la esfera mágica de la práctica, pero esta vez se centra en el poder de las pociones y otros hechizos. Estos hechizos tienden a inclinarse más hacia la práctica del trabajo de raíces y lo que puedes esperar de dicha práctica. Elige los que te gusten como punto de partida, pero no tengas miedo de probar algo nuevo y ramificarte.

Estas son todas las recetas de pociones y trabajos de raíz transmitidas desde que se estableció el Hoodoo, pero sirven como punto de entrada. Sin duda, hay recetas más simples y más complejas por ahí, así que abraza el conocimiento y sumérgete en él.

Una Pócima para la Felicidad

Si buscas una forma de mejorar tu estado de ánimo, ayudarte a pensar de forma más positiva y a concentrarte en resultados más productivos, esta es una poción que podría beneficiarte enormemente.

Ingredientes

- Un pequeño pote de pociones, idealmente con una cubierta o tapón.

- Un diente de león seco y machacado

- Una cucharada de orégano (en polvo)

- Una cucharada de canela (en polvo)

- Una cucharada de tomillo en polvo

- Siete acículas de pino

Añade todos los ingredientes en el bote de la poción, frasco, recipiente o ampolla y ciérralo. A continuación, arrodíllate mirando hacia el Este y sujeta el recipiente con las manos para realizar el hechizo, recitando siete veces el Salmo n° 7. Dice así:

Oh Señor, Dios mío, en ti me refugio; sálvame y líbrame de todos los que me persiguen o me desgarrarán como un león y me harán pedazos sin que nadie me rescate.

Oh SEÑOR, Dios mío, si he hecho esto y hay culpa en mis manos

si he hecho el mal a quien está en paz conmigo o sin causa he robado a mi enemigo-

entonces que mi enemigo me persiga y me alcance; que pisotee mi vida hasta el suelo y me haga dormir en el polvo. Selah

Levántate, SEÑOR, en tu cólera; levántate contra la furia de mis enemigos. Despierta, Dios mío; decreta la justicia.

Que los pueblos reunidos se reúnan en torno a ti. Gobierna sobre ellos desde lo alto;

que el Señor juzgue a los pueblos. Júzgame, SEÑOR, según mi justicia, según mi integridad, oh Altísimo.

Oh Dios justo, que escudriñas las mentes y los corazones, pon fin a la violencia de los malvados y da seguridad a los justos.

Mi escudo es Dios, el Altísimo, que salva a los rectos de corazón.

Dios es un juez justo, un Dios que expresa su ira cada día.

Si no cede, afilará su espada; doblará y tensará su arco.

Ha preparado sus armas mortales; alista sus flechas de fuego.

El que está preñado de maldad y concibe problemas, da a luz a la desilusión.

El que cava un hoyo y lo saca cae en el pozo que ha hecho.

El problema que causa se vuelve contra sí mismo; su violencia cae sobre su propia cabeza.

Daré gracias al Señor por su justicia y cantaré al nombre del Señor, el Altísimo.

Este hechizo tarda un poco en realizarse y tiene un claro origen cristiano, pero después de crear la poción, la tendrás por tiempo indefinido. Sólo tienes que llevar el frasco contigo allá donde vayas, y te traerá buena suerte mientras atraes la felicidad.

Un Hechizo de Protección para tu Hogar

Si estás pasando por tiempos turbulentos en casa, situaciones estresantes o emocionalmente angustiantes, o la paz y el bienestar de tu hogar están en peligro, entonces puedes beneficiarte significativamente de este hechizo.

Ingredientes

- Un tarro de cristal con tapa hermética

- Algunos vidrios rotos

- Recortes de uñas propios o de un animal (como tu mascota)

- Algunas clavijas

- Un poco de lana de vidrio

- Un cardo

- Un poco de absenta

Además, recoge estos componentes que no colocarás en el frasco:

- Un pentáculo de destierro o fieltro rojo para hacer uno

- Una vela negra consagrada

- Aceite de destierro

Coloca todos los ingredientes mencionados anteriormente dentro del tarro de cristal y séllalo. Coloca un pentáculo de destierro en la tapa. Puedes hacer un pentáculo recortando uno de fieltro rojo o utilizando uno que ya tengas. Coloca la vela negra aderezada con aceite de destierro en la tapa, encima del pentáculo, y enciende dicha vela. Ahora recita el siguiente conjuro:

Vela negra y viejas maldiciones, liberen sus poderes, inviertan el flujo de los hechizos lanzados, dejen el dolor y la pena en el pasado.

Deja que la vela se consuma por completo. Cuando se haya consumido, coge el frasco y entiérralo en algún lugar cercano a tu casa, lo más cerca que puedas. Si se realiza correctamente y con intención, experimentarás un escudo protector alrededor de tu casa que debería durar hasta seis meses. Cuando el poder del hechizo comience a disminuir, simplemente repite el proceso con un nuevo frasco.

Una Poción para la Prosperidad

Este es un hechizo de poción de gran alcance si estás buscando maneras de impulsar el éxito en cualquier área de tu vida, ya sea en tu carrera, metas personales, relaciones, salud y bienestar, o cualquier otra área de tu vida en la que quieras enfocarte.

La paz y la prosperidad son bienvenidas y necesarias en la vida de todos, ciertamente en algún momento u otro, y con esta poción, estarás seguro de atraer las intenciones correctas que pueden ayudar a conducirte a ello.

Ingredientes

- Un tarro (un frasco de vidrio convencional es suficiente)

- Tres velas verdes y tres doradas

- Hojas de romero, laurel, albahaca, tomillo, lavanda y clavo de olor (siete de cada una)

- Aceite

- Tres monedas de plata (de cualquier moneda)

- Un palo (de madera)

La receta de esta poción es relativamente sencilla. Añade todas las hojas de hierbas juntas en el tarro, junto con las monedas, y cúbrelo todo con el aceite. A continuación, crea un círculo alrededor del tarro con las velas, alternando los colores a medida que avanzas. Ahora enciéndelas.

Con el palo, mezcla el contenido del tarro en el sentido de las agujas del reloj durante siete rotaciones mientras recitas las palabras mágicas. Repite esta secuencia de frases siete veces.

Paisa. Panam. Pecuina. Penz. Para. Dirua.

Ahora mezcla el contenido del frasco en sentido contrario y repite la siguiente secuencia de frases siete veces.

Aurid. Arap. Znep. Manap. Asia.

Ahora rompe por la mitad el palo que estabas usando para mezclar y ponlo en el tarro, y deja la mezcla en el círculo, dejando que las velas se consuman. Una vez que se hayan consumido, deja el frasco en algún lugar de tu casa para que traiga prosperidad a tu hogar.

Una Poción Para las Relaciones (Para el Amor y la Amistad)

Tus relaciones son una de las áreas más relevantes de tu vida. En la mayoría de los aspectos de esta existencia humana, no es lo que sabes lo que determinará a dónde vas y a dónde te lleva la vida, sino a quién conoces. Es la presencia de los demás la que te elevará a nuevas alturas o te frenará profundamente. Por eso puede ser tan conveniente desarrollar una poción que te ayude a atraer el amor y la amistad de las personas adecuadas.

Ingredientes

- Agua de rosas

- Tres fresas

- Tres vainas de vainilla

- Tres cucharadas de cacao

- Tres cucharadas de sal

- Una cacerola

- Una botella (usualmente de vidrio)

- Una hoja de papel

- Un marcador rojo

Pon la cacerola en el fuego y coloca todos los ingredientes (menos el marcador, el papel y la botella) en la cacerola, hirviendo durante 30 minutos a fuego lento. Ahora toma el papel y, con el marcador rojo, escribe las palabras:

"Amor puro. Amor fuerte. Abre todas las puertas para mí. Amor puro. Amistad fuerte. Que la suerte me sea favorable."

Enrolla el papel cuando hayas terminado y ponlo en la botella de cristal antes de filtrar el contenido de la cacerola y verter el líquido de agua de rosas ahora impregnado también en la botella. Ciérrala para asegurarte de que no se escapa nada del contenido.

A partir de aquí, sujeta la botella con las manos, agítala de un lado a otro y repite siete veces la frase que has escrito.

Una Poción para Hacer que Alguien se Enamore de Ti

Esto puede sonar un poco extraño, pero este es un hechizo efectivo que puede ser usado en varias situaciones por diferentes razones. La primera que viene a la mente es querer que alguien se enamore de ti y quiera estar contigo. Mientras que esto es totalmente posible con este hechizo (aunque recomendaría usar el hechizo con cuidado y precaución), hay otros usos que puedes considerar.

Por ejemplo, si tu pareja está atascada en una vieja forma de pensar, está estresada, o no te está escuchando correctamente, le falta la compasión y la empatía para mantener la relación equilibrada. Este es un hechizo que puede ayudar a recordárselo. Si buscas el perdón, este hechizo puede ayudar a empujar su intención en esta dirección.

Ingredientes

- Un frasco de sal

- Unas mechas (un mechón) de pelo de la persona con la que quieres que resuene el hechizo

- Nueve velas rojas, verdes y amarillas (nueve de cada una)

Utiliza la sal para crear un círculo lo suficientemente grande como para sentarte cómodamente y coloca las velas alrededor del borde del círculo, alternando el color con cada vela, pasando del verde al amarillo y al rojo, y así sucesivamente.

Ahora siéntate en el círculo y tómate tu tiempo para encender las velas de una en una, empezando por la vela que se encuentra en la dirección más al Este. En tu mano derecha, sujeta el mechón de pelo y cierra los ojos. Di su nombre 99 veces, asegurándote de imaginar a la persona con la mayor claridad posible en tu mente.

Deja que las velas se consuman y guarda el mismo mechón de pelo en la funda de la almohada donde duermes todo el tiempo que quieras.

La Conexión de Amor de Ishtar

Otro hechizo que puedes hacer para conectar y formar lazos de amor con las personas en tu vida es usando el hechizo de ligadura de amor de Ishtar. Ishtar es una antigua diosa en las religiones mesopotámicas, conocida como la diosa de la guerra y el amor sexual. Lanzar un hechizo en su nombre es atraer este antiguo poder para atraer el amor a tu propia vida, para invocar el amor, la compasión y la paz en otros.

Si estás buscando el amor en cualquier área de tu vida, entonces este es un hechizo poderoso y duradero que puede crear tal impacto.

Ingredientes

- Un listón de seda roja de un metro de largo

Cada noche, durante 48 noches seguidas, haz un solo nudo en tu cinta de seda mientras recitas el siguiente conjuro:

En nombre de Ishtar, la que hace que todo sea fructífero, te ato a mí, y tu amor por mí crecerá día a día como la hiedra en la pared. Que así sea. Así será.

En el día 49, al amanecer, cuando el sol empiece a romper el horizonte, viaja a un cruce de caminos en una zona rural o a un lugar que sepas que está relacionado con la ascendencia Hoodoo, y quema la cinta, esparciendo las cenizas al viento.

La Potente Negra Cinta

Personalmente, no apruebo el uso de poderosos hechizos de magia negra en otros. Sin embargo, las circunstancias difieren de una persona a otra, y es posible que tengas razones para realizar dicho hechizo. No estoy aquí para juzgar, pero recomiendo encarecidamente que sigas adelante con extrema precaución. Incluí este hechizo específicamente por razones educativas pero no compartiré otros por razones de seguridad.

La Negra Cinta es un poderoso hechizo Hoodoo de magia negra que está diseñado para la venganza. En el advenimiento de la magia Hoodoo, la gente negra lo realizaba en aquellos que causaban un daño significativo, como los dueños de esclavos o los comerciantes. Es un hechizo que redirige el dolor, el trauma y el sufrimiento hacia aquellos que lo perpetran. Sin embargo, es un hechizo increíblemente difícil de realizar debido a lo poderosos que pueden ser sus efectos.

Ingredientes

- Una vela negra

- Una hoja de papel de fumar

- Aceite de escorpión (aceite de alacrán)

- Grasa de serpiente

- Un alfiler negro y tinta negra

- Una pluma de loro

- Una cinta negra o un cinturón negro

- Sal negra

- Tierra del cementerio o un lugar relacionado con los orígenes del Hoodoo

Debes asegurarte de seguir los pasos de este hechizo al pie de la letra para que se realice correctamente. Comienza por grabar el nombre de la persona a la que le harás el hechizo en la vela, usando un cuchillo de algún tipo. Vierte el aceite de escorpión sobre el grabado y espolvorea un poco de sal negra.

Deja que la vela repose durante varias horas en posición vertical antes de encenderla. Coloca un mapa de la ubicación geográfica de la persona sobre la que estás realizando el hechizo junto a la vela, y escribe los deseos, peticiones, maldiciones o acciones que quieres que se realicen contra esta persona. Asegúrate de escribirlos con la pluma de loro y la tinta negra.

Esta es la parte del hechizo que debes realizar con cuidado, asegurándote de que estás escribiendo lo que quieres. Puede que quieras mostrarles el error de sus caminos, hacerles darse cuenta de lo horribles o desagradables que han sido, para que experimenten el dolor que han causado, o lo que quieras. Escríbelo en el mapa.

Ahora, cubre el mapa con la grasa de la serpiente y deja el montaje solo hasta que la vela se haya quemado por completo. Después, dobla el mapa y mantenlo cerrado con la cinta negra, asegurándote de hacer un nudo con la cinta siete veces. Cierra el último nudo con el alfiler negro. Mientras haces cada uno de los nudos, tienes que recitar el siguiente pasaje (en total siete repeticiones):

Fuerzas del mal que desde los tiempos de los tiempos rigen los destinos de los hombres, les invoco para que dobleguen con toda su inmensa fuerza, cada pensamiento, palabra y obra de NN, que todo le salga mal, que nadie escuche su clamor y que todo el mal que me ha causado vuelva a él/ella y a su familia multiplicado por 100. Y que así sea.

Una vez que la vela se haya consumido, recoge los restos junto con tu mapa, envuélvelo todo junto con la cinta y el alfiler que debe mantener unidos todos los componentes. Ahora entierra todo lejos de cualquier otra cosa en el terreno del cementerio. El hechizo empezará a surtir efecto cuando la magia empiece a fluir.

Hay una amplia gama de recursos e información sobre otros hechizos que puedes realizar y qué tipo de conjuros son posibles, y todo está esperando a que lo explores. Por ahora, tienes una plataforma sólida para empezar y experimentar con lo que la magia Hoodoo es capaz de hacer.

Ahora avanza, comienza este viaje, y descubre lo que la magia del Hoodoo puede hacer por ti.

Conclusión

La idea detrás de la magia Hoodoo es ayudarte a canalizar el poder que ya existe dentro de ti de una manera productiva que te beneficie, conectándote con el resto del universo y los poderes universales. Recuerda, esta es una magia que puede ser usada en todas las áreas de tu vida, ya sea que estés tratando de mejorar tu suerte, encontrar prosperidad, paz, mejores relaciones o claridad.

En esencia, el núcleo del Hoodoo es mejorar tu vida diaria a través de las intenciones. Esto se logra accediendo y conectando contigo mismo y con tu poder interior y con el poder de nuestros ancestros y nuestra historia. Es algo increíble, y aunque tengas dudas, es una de esas prácticas que mejorarán con el tiempo, y cuanto más practiques y abras tu mente a lo que es posible, más empezarás a ver los efectos en tu día a día.

Este libro sirve como una introducción para que empieces, pero el mundo de la magia Hoodoo es mucho más profundo que lo que hemos discutido. Una vez que te hayas familiarizado con los fundamentos esbozados en este libro, puedes continuar con tus exploraciones.

Esto significa leer más libros, específicamente libros de hechizos, para entender mejor lo que es capaz de lograr. También significa sumergirte en tu propia exploración de la práctica. Ya sea escribiendo sobre tus experiencias, meditando o sintonizando con tus propios sentimientos e instintos, hay mucho que puedes descubrir mirando dentro de ti. Si tienes un impulso instintivo para crear una poción o lanzar un hechizo que te convenga, y puedes sentir el núcleo de la magia Hoodoo ardiendo dentro de ti y empujándote en la dirección de la claridad, entonces la mayoría de las veces, vas a querer seguir esta pista.

Aprende a confiar en ti mismo y en tus instintos. Ellos pueden mostrarte el mundo.

Recuerda, el pensamiento intencional y la práctica de la magia hoodoo pueden ser un viaje convincente e impactante. Puede cambiar tu vida, así que asegúrate de tratar el conocimiento, tu propio viaje y las experiencias de otros con respeto y cuidado. Sería una tontería subestimar lo que puedes aprender al recorrer este camino.

Por ahora, eso es todo por mi parte. Espero que hayas disfrutado de este libro y que hayas aprendido algo de él, y que, de alguna manera, hayas encontrado algún beneficio en el texto. Si es así, me gustaría que me respondieras. Puedes hacerlo dejando una reseña en el sitio donde compraste tu copia. Para mí, cualquier comentario significa el mundo y me ayuda a convertirme en la mejor versión de mí misma, así que estoy deseando leer todo lo que tengas que decir.

Desde aquí, te deseo todo lo mejor en el futuro, especialmente con tus esfuerzos espirituales y mágicos. Buena suerte, y mantén tu mente abierta al aprendizaje y a todas las nuevas posibilidades que vienen con él. ¡Hasta la próxima!

Gracias

Antes de que te vayas, quería darte las gracias por haber comprado mi libro.

Hay muchos libros sobre el mismo tema, pero tú te arriesgaste y elegiste éste.

Así que, gracias por elegirme y por leer este libro hasta el final.

Ahora, quería pedirte un pequeño favor. **¿Podrías considerar publicar una reseña del libro? Las reseñas son la forma más fácil de apoyar a una autora independiente como yo.**

Tus comentarios me ayudarán a seguir creando libros que te ayuden a conseguir los resultados que deseas. Así que, si te ha gustado, por favor, házmelo saber.

www.ingramcontent.com/pod-product-compliance
Lightning Source LLC
Chambersburg PA
CBHW061317120626
46546CB00007B/2627